Breithlá
BÁITE

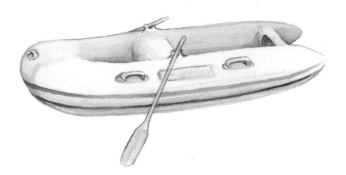

Joy Watson a scríobh
Anna-Maria Crum a mhaisigh
An tÁisaonad a d'aistrigh go Gaeilge

Caibidil 1
Bréan den bhraon

"Ní chreidim seo! Tá sé ag cur fearthainne *go fóill*!" Chuimil Seosamh a shúile agus bhuail sé an cheannadhairt. "Níl sé *cothrom*!"

Lá breithe Sheosaimh a bhí ann agus bhí an teaghlach le dul ar phicnic sa pháirc cois na habhann. Ach, dhá lá ó shin, thosaigh sé a chur.

"Beidh an fhearthainn thart roimh an mhaidin," arsa a athair aréir nuair a bhí Seosamh ag dul a luí.

Bhí an mhaidin ann anois, agus bhí sé ag cur go fóill - go trom. Bhí an fhearthainn ag bualadh ar an díon agus ag dul síos na draenacha. Bhí an fhearthainn ag titim ar na crainn agus ag sileadh de na duilleoga. Fearthainn, fearthainn agus tuilleadh fearthainne. . .

Rith Seosamh isteach sa chistin agus é ag gearán. "A Mhamaí, tá sé ag cur fearthainne go fóill!"

"Tá, cinnte," arsa a mháthair. "Nár chuala tú aréir í? Amharc amach ar an fhuinneog go bhfeicfidh tú."

Bhí an gairdín beagnach faoi uisce. "Amharc sin!" arsa Seosamh. Ach ansin chuimhnigh sé. "Cad é a dhéanfaimid faoin phicnic?" ar seisean agus é ag caoineadh. "Dúirt Daidí go mbeadh gach rud i gceart."

"A Sheosaimh, a stór, níl neart ag d'athair ar an aimsir," arsa Mamaí agus í ag gáire. Thug sí barróg dó. "Ní dhearna muid dearmad. Lá breithe sona duit. Is gasúr mór anois tú: deich mbliana d'aois. Éist, ní bheidh picnic ar bith againn san aimsir seo ach déanfaimid rud éigin eile. Idir an dá linn, an mbeidh bricfeasta agat?"

"Tá mise ag ithe calóga arbhair," arsa Antain, deartháir beag Sheosaimh a bhí ina shuí ag an tábla cheana féin.

"Beidh calóga arbhair agamsa fosta," arsa Seosamh. "Cá bhfuil Daidí? An bhfuil sé ina chodladh?"

"Níl, leoga!" arsa Mamaí. "D'imigh sé amach go luath le cuidiú leis na Dochartaigh na hainmhithe a bhogadh ar eagla go mbeadh tuile ann. Tá do dheirfiúracha leis. Tabharfaimid do bhronntanais duit nuair a thiocfaidh siad ar ais."

Nuair a bhí an bricfeasta ite acu, sheas Seosamh agus Antain sa vearanda ag amharc ar an fhearthainn.

Ní sruthán a bhí ag rith in aice leis an sconsa anois ach abhainn mhór dhonn. Bhí an gairdín clúdaithe ar fad agus bhí an t-uisce ag lapadaíl ag doras an bhotháin.

"Tá súil agam go mbeidh tuile cheart ann, tuile mar a fheiceann tú ar an teilifís," arsa Seosamh le hAntain.

"A Sheosaimh," a scairt a mháthair, "cuir ort do chuid éadaigh. B'fhéidir go mbeadh uisce tríd an teach againn. Caithfimid rudaí a chur in áit níos airde sa dóigh is nach n-éireoidh siad fliuch. Beidh ort féin agus ar Antain cuidiú liom."

"Ceart go leor, cad é a dhéanfaimid?" arsa Seosamh.

"Ar dtús, tarraingeoimid na tarraiceáin ísle ar fad amach agus cuirfimid suas ar an tábla iad. Ba chóir dúinn an stuif atá ar urlár na cistine a chur i mboscaí agus a iompar suas staighre. Beidh orainn gach rud atá ar an urlár a thógáil nó beidh siad scriosta. Ach caithfimid deifir a dhéanamh, ceart go leor?"

"An síleann tú go dtiocfaidh an t-uisce isteach sa teach, a Mhamaí?" a d'fhiafraigh Antain nuair a bhí siad tamall ag obair.

Dhírigh Mamaí í féin agus d'amharc sí air. "Tá súil agam nach dtiocfaidh, a thaisce, ach tá an t-uisce ag éirí domhain go maith amuigh ansin. An rachaimid amach go bhfeicfimid?"

Sheas siad ar an vearanda ag amharc ar an fhearthainn. Bhí an áit pháirceála agus na cosáin faoi uisce anois agus bhí an bothán gairdín ina oileán. Ní raibh siad cinnte cá háit a raibh an sruthán mar bhí an gairdín ar fad clúdaithe leis an uisce.

Nach mbeadh sé go breá dul a shnámh ann, arsa Seosamh leis féin.

"Beidh orainn tuáillí a rolladh suas agus a chur ag bun na ndoirse sa dóigh is nach dtiocfaidh an t-uisce isteach." Bhí Mamaí ag amharc ar an uisce a bhí ag lapadaíl ar an chéim ag an doras tosaigh. "Agus ansin beidh orainn. . ." Thóg sí a ceann go tobann. "Cad é an callán sin?"

Thar bhualadh na fearthainne chuala siad tormán ard callánach.

D'amharc Mamaí ar an chnoc bheag a bhí taobh leis an sruthán ar chúl an tí. "Isteach sa teach libh go gasta," a scairt sí agus dhruid sí an doras de phlab ina ndiaidh.

Chonaic Seosamh brat clábair agus uisce
agus é ag sleamhnú anuas an cnoc ina dtreo.

"Go gasta! Go gasta!" a scairt Mamaí. "Suas an staighre libh go gasta! Anois! Anois! Déanaigí deifir!"

Fuair Mamaí greim ar Sheosamh le lámh amháin agus ar Antain leis an lámh eile. Rith siad tríd an teach, suas an staighre agus isteach i seomra a bhí ag amharc amach ar thosach an tí.

Bhí an teach ar crith agus an clábar agus an t-uisce ag dul thart leo. Bhí Mamaí ag amharc amach ar an fhuinneog. "Nílimid sábháilte anseo," ar sise. "Beidh orainn an bóthar a bhaint amach. Faigh an bhraillín ón leaba agus úsáidfimid í le fanacht le chéile."

Fiche bomaite níos moille, bhí greim ag an bheirt ghasúr ar an bhraillín a cheangail Mamaí thart orthu. Chuaigh siad síos an staighre. Bhí an t-urlár thíos staighre sleamhain le clábar agus bhí an t-uisce ina rith tríd an teach.

"Mo bhrat urláir! Agus an troscán!" a bhéic

Mamaí. "Tá siad scriosta."

Tháinig siad amach as an teach, ag rith agus ag titim síos an bóthar i dtreo na príomhshráide. Bhí an tuile uisce amuigh ar an bhóthar suas go dtí na glúine anois, agus í donn salach. Bhí siad uilig fliuch báite.

"Ní maith liom seo! Ní maith liom seo!" arsa Antain de chaoineadh agus a mhamaí ag iarraidh ciall a chur ann. Ní raibh Seosamh ró-olc. Dar leis gur eachtra a bhí ann.

Nuair a bhain siad coirnéal na príomhshráide amach stop siad agus bhí Mamaí ina seasamh in éadan sconsa Chlann Mhic Aodha. D'amharc siad siar ar a dteach féin.

Bhí meall mór d'uisce agus de chlábar agus de ghéaga crann agus d'fhéar i ndiaidh sleamhnú síos an cnoc agus bhí siad timpeall an tí. Shílfeá go raibh an carn uilig beo, ag sleamhnú agus ag bogadh thart ar an teach.

Bhí rud beag eagla ar Sheosamh, ach san am céanna bhí fonn gáire air agus bhí sé ag iarraidh scairteadh amach go hard.

Ansin d'amharc sé ar Mhamaí. Bhí sí ag caoineadh. Ní minic a bhíonn Mamaí ag caoineadh.

Anois ní raibh sé cinnte cad é ba cheart dó a dhéanamh.

I ndiaidh tamaill, chuimil Mamaí a haghaidh agus tharraing sí aer isteach trína srón. "Bhuel, ní fiú bheith ag caoineadh, an fiú? Ar a laghad, táimid sábháilte. Rachaimid síos chuig an sráidbhaile. Gheobhaimid cuidiú ansin agus iarrfaimid ar dhuine éigin Daidí agus na cailíní a fháil."

Rinne siad a mbealach thart an coirnéal, agus baineadh siar astu nuair a chonaic siad go raibh an sráidbhaile uilig ina phrácás. Bhí locháin uisce thart ar na tithe. Bhí an bóthar breac le géaga crann agus le bruscar. Sna páirceanna taobh thíos den sráidbhaile, ní raibh ach barr na sconsaí le feiceáil os cionn an uisce.

Faoin am seo, bhí an t-uisce a fhad lena choim ar Sheosamh agus bhí Mamaí ag iompar Antain. Tháinig fear a fhad leo agus éide trodaí tine air. Bhí iontas ar Sheosamh. Diarmaid ón siopa leabhar a bhí ann.

"Tabhair na páistí suas chuig an scoil, a Mháire," arsa Diarmaid le Mamaí. "Tá sé tirim ansin, agus gheobhaidh sibh deoch the ann. An bhfuil áit s'agaibhse ceart go leor?"

Chroith Mamaí a ceann. "Agus tá Peadar agus na cailíní amuigh ansin áit éigin. Chuaigh siad a chuidiú le Tadhg Ó Dochartaigh a chuid bó a bhogadh. Níl a fhios aige. . ."

"Ná bí buartha, a Mháire. Cuirfimid scéala chuige. Agus rachaimid thart le hamharc ar theach s'agaibhse. Seo, tabharfaimid na boic seo isteach ón fhearthainn."

Go tobann, chuimhnigh Seosamh. "Is é mo lá breithe é," ar seisean le Diarmaid.

"Do lá breithe? Gasúr bocht! A leithéid de lá faoina choinne!"

"Tá a fhios agam," arsa Seosamh, ag ligean osna as. "Agus bhí muid in ainm dul ar phicnic cois na habhann."

Lig Diarmaid fead bheag agus chroith sé a cheann. "Is beag an seans go mbeidh picnic agat inniu." Bhuail sé bosóg sa ghualainn ar Sheosamh agus d'imigh sé leis ag lapadaíl tríd an uisce.

"Seo muid anois," arsa Mamaí agus iad ag dul suas na céimeanna chuig halla na scoile. Tháinig múinteoir Sheosaimh, Bean Uí Choimín, a fhad léi.

"Hóigh! Tagaigí isteach. Na créatúir, tá sibh fliuch báite. Ar thiomáin an tuile sibhse amach fosta? Seo, tá tuáillí tirime anseo, agus tá moll éadaí thall ansin a thug daoine isteach leo.

Faigh éadaí duit féin agus do na buachaillí,

a Mháire. Tá bia agus deoch sa chistin."
D'imigh sí léi agus deifir uirthi.

Gan mhoill, bhí siad ag ól deochanna teo agus ag ithe brioscaí. D'amharc Seosamh thart ar an halla. Bhí roinnt dá chairde ann. Cá as ar tháinig na daoine seo uilig? An raibh tithe s'acu uilig scriosta ag an tuile?

Caibidil 3
DÍDEAN

"A Sheosaimh! A Sheosaimh! Thall anseo!" a scairt duine éigin. "Cad é a tharla daoibhse? Ar bhuail an tuile sibhse fosta?" Séimí, duine de chairde Sheosaimh ar scoil, a bhí ann.

"Bhuail. Thit moll clábair air agus tá urlár an tí clúdaithe le clábar agus le huisce. Bhí sé scáfar. Chuala muid ag teacht í agus rith muid suas staighre. Cad é fút féin?"

"Réab an abhainn thar a bruacha agus ansin thóg sí an droichead ar shiúl. Tháinig an t-uisce tríd an teach orainn. Rinne Micí Mac Lochlainn tarrtháil orainn ina bhád innill. Bhí craic mhaith ann, ar dhóigh."

"Ní raibh craic ar bith ann," arsa deirfiúr Shéimí, Áine. "Bhí eagla an domhain ormsa."

"Bádh cuid mhór de na ba," arsa cara Áine, Deirdre. "Agus tá leoraí Dhaidí faoi uisce ar fad, beagnach."

Go tobann, bhí gach duine ag caint ag aon am amháin, ag teacht trasna ar a chéile agus ag éirí níos callánaí agus níos callánaí. Bhí gach duine ag caint ar an dóigh ar éalaigh siad, ar ainmhithe gafa agus ar thithe faoi uisce. Agus os cionn dhordán na cainte, bhí clagarnach na fearthainne gan stad ar an díon. Bhí cluas Sheosaimh nimhneach leis an challán uilig.

Ba mhian le Seosamh go bhfillfeadh Daidí gan mhoill. Chuaigh sé a fhad le Mamaí. Bhí sí ag cuidiú le máthair Dheirdre moll mór ceapairí a dhéanamh. "A Mhamaí, ba cheart go mbeadh Daidí ar ais faoin am seo."

"Tá a fhios agam, ach is dócha go ndeachaigh siad a chuidiú le duine éigin eile fosta. Duine de na feirmeoirí, b'fhéidir. Beidh orainn fanacht go dtí go dtagann sé ar ais. Ar mhaith leat braon anraith nó ceapaire?"

Bhí máthair Shéimí, Gráinne Uí Riain, i ndiaidh moll mór bia a thabhairt anall ón ollmhargadh. Nuair a mhothaigh sé an boladh a bhí ar an anraith te glasraí, bhuail ocras millteanach Seosamh.

"Seo duit," arsa Mamaí, agus thug sí cupán agus spúnóg dó. "Ní féasta lá breithe go díreach é, ach sin a dtig linn a dhéanamh faoi láthair. Is bulaí fir thú nach bhfuil tú ag gearán."

"Ó, an é do lá breithe é?" a d'fhiafraigh Gráinne, ag amharc go smaointeach ar Sheosamh.

Díreach i ndiaidh am lóin, tháinig Daidí
isteach sa halla faoi dheireadh. Bhí deirfiúr
mhór Sheosaimh, Nuala, leis.

"A Pheadair! A Pheadair! Seo anseo muid!"
a scairt Mamaí. "Ó, a Pheadair! Agus a Nuala,
amharc an chuma atá ort! Tá tú fliuch báite, a
stór." Tháinig cuma bhuartha ar Mhamaí. "Cá
bhfuil Siobhán?"

Chuir Daidí a lámh thart ar Mhamaí. "Ná
bí buartha. Tá sí ceart go leor, ach thit sí agus
bhris sí a sciathán."

"Siobhán bhocht! Cá bhfuil sí?" arsa Mamaí
go himníoch.

"Thug muid chuig an otharlann í. Sin an
fáth a raibh muid chomh mall sin ag teacht.
D'fhan mé go raibh an x-gha déanta, ach
bhí orainn imeacht ansin. Bhí mé buartha
fút féin agus faoi na buachaillí, agus ní raibh
mé ábalta dul i dteagmháil le duine ar bith
ar an ghuthán." Chuimil Daidí a aghaidh go
tuirseach. Chonaic mé Diarmaid ón siopa
leabhar agus dúirt sé go raibh sibh anseo.
D'inis sé dom faoin teach. Ó, a Mháire. . . an
bhfuil tú ceart go leor?"

Bhí na deora le Mamaí arís agus bhí lámh
Dhaidí thart uirthi agus í ag insint dó cad é a

tharla. Bhí Antain ag tarraingt ar mhuinchille Dhaidí. "Tháinig an tuile go tobann, a Dhaidí," a dúirt sé, "agus ní bhfuair Seosamh féasta ar bith dá lá breithe!"

Chuir Daidí a lámh ar a cheann agus thiontaigh sé chuig Seosamh. "Do lá breithe! Chóir a bheith go ndearna mé dearmad air." Rug sé barróg ar Sheosamh. "Bhuel, is dona an lá breithe é, a mhic, ach smaoineoimid air sin níos moille. Tá bronntanas againn duit, ach caithfidh mé labhairt le Mamaí anois. Cuidigh le Nuala tuáille tirim a fháil." Thóg Daidí cupán caife ón tábla ceapairí agus thiontaigh sé ar ais chuig Mamaí.

"Ba mhaith liom Siobhán a fheiceáil," arsa Mamaí. "Thig liom an chuid eile a insint duit ar an bhealach."

"Maith go leor," arsa Daidí. "Fuair mé jíp Thaidhg ar iasacht. B'éigean dom carr s'againne a fhágáil thuas ag feirm na nDochartach agus dul an cúlbhealach chuig an otharlann. Tá an príomhbhóthar faoi uisce. Agus cibé ar bith, bhí orm an rud eile sin a thabhairt liom." Agus chaoch sé súil ar Nuala.

"Iarrfaidh mé ar Bhean Uí Choimín súil a choinneáil ar na páistí," arsa Mamaí. Thiontaigh sí chuig Nuala. "Fan thusa anseo leis na buachaillí fosta. Faigh rud éigin te duit féin sa mholl éadaí sin thall agus faigh braon anraith agus ceapaire. Beimid ar ais a luaithe agus a thig linn."

Chuaigh Mamaí agus Daidí amach san fhearthainn, i ndiaidh focal a bheith acu le Bean Uí Choimín.

"Ba mhaith liomsa dul fosta! Ní maith liom an áit seo!" arsa Antain go caointeach, ach fuair Bean Uí Choimín greim láimhe air agus thug sí é chuig grúpa páistí a bhí ag súgradh sa halla.

D'fhan Seosamh ag an tábla fad is a bhí Nuala ag cur éadaí tirime uirthi féin. Ansin fuair sise cupán anraith agus shuigh sí in aice leis.

Caibidil 4
PLEAN NUALA

"Inis dom cad é a tharla ag an fheirm, a Nuala. Ar shábháil sibh na hainmhithe uilig? Cad é mar a bhris Siobhán a sciathán? An raibh sí ag caoineadh?"

Chuir Nuala a spúnóg ar an tábla agus chuimil sí a béal le cúl a láimhe. "Obair chrua a bhí ann. Ní raibh na ba ag iarraidh dul suas an cnoc, agus ní thiocfadh linn rud ar bith a fheiceáil mar gheall ar an fhearthainn. Thuislígh Siobhán bhocht ar ghéag crainn a bhí leagtha, agus shleamhnaigh sí síos an mhala. Casadh a sciathán agus bhí sí ag caoineadh. D'iompair Daidí a fhad le teach na nDochartach í, ansin thug sé sa charr chuig an otharlann í. Bhí sé uafásach."

Chuaigh crith tríd Nuala. "Inis dom faoin teach. Cad é a tharla? Cad chuige a bhfuil Mamaí chomh tógtha sin? Bhí Diarmaid ag iarraidh a insint dúinn cad é a tharla, ach bhí barraíocht ag dul ar aghaidh."

Smaoinigh Seosamh siar ar eachtraí na

maidine. Shílfeá gur céad bliain ó shin a tharla siad – tormán na fearthainne, an díomá faoin phicnic, an t-uisce ag éirí ar an ghairdín agus ag sileadh isteach sa bhothán. Rinne sé iarracht an t-iomlán a mhíniú do Nuala. D'inis sé di faoin bhalla clábair agus uisce ag réabadh anuas an cnoc go dtí an teach, agus faoin turas tríd an tuile ar an bhealach chun na scoile.

"Bhí sé millteanach," a dúirt sé. "Ach bhí sé cineál corraitheach fosta. Agus tharla sé uilig chomh gasta sin."

Shuigh an bheirt acu gan focal astu, ag smaoineamh.

I ndiaidh tamaill, arsa Seosamh, "A Nuala, ní raibh mé ag iarraidh ceist a chur ar Mhamaí, ach dúirt sí go bhfaighidh mé mo bhronntanais nuair a fhillfidh sibh, agus . . . bhuel . . . tá cineál eagla orm go scuabfaidh an tuile ar shiúl iad."

Rinne Nuala gáire. "Tá a fhios agam go bhfuil ceann amháin acu slán sábháilte!"

"Cad chuige? Cad é atá ann? Inis dom!"

"Seans ar bith! Beidh ort fanacht. Ach an rud a fuair mise duit, ba cheart go mbeadh sé sábháilte. Chuir mé i bhfolach i dtarraiceán i seomra Mhamaí é."

Smaoinigh Nuala ar feadh bomaite. "Seo, imeoimid lena fháil!"

"Cad é atá i gceist agat? Dul chuig an teach?"

"Cad chuige nach rachadh? Níl sé rófhada. Agus, ar scor ar bith, ba mhaith liom an damáiste a fheiceáil."

"Ach dúirt Mamaí . . ."

Léim Nuala ina seasamh agus d'amharc sí thart ar an halla. "Amharc, tá Antain le Bean Uí Choimín. Tá sí ag léamh do na páistí beaga uilig. Ní ghlacfaidh sé i bhfad. Éalóimid amach agus ní thabharfaidh siad faoi deara. Sílim go bhfuil sé ina thuradh, agus ní bheimid rófhliuch. Seo leat!"

Las súile Sheosaimh. Bhí sé bréan de bheith gafa sa halla agus ba mhaith leis a fheiceáil lena shúile cinn cad é a bhí ag tarlú taobh amuigh. Ar scor ar bith, bhí sé thar am aige bronntanas a fháil. Bhí leath a lá breithe caite cheana féin.

Shleamhnaigh sé féin agus Nuala amach go ciúin ar an doras cúil.

Caibidil 5
CUIDIÚ DE DHÍTH

Ní raibh an fhearthainn thart ar fad ar fad, ach bhí an chuma air go raibh deireadh ag teacht uirthi. Bhí roinnt daoine amuigh ar an tsráid, ag slupairt tríd an uisce, ag scuabadh clábair ón chosán, ag iarraidh a gcarranna a chur ag dul.

Chuaigh an tUasal Mac Thomáis, príomhoide na scoile, thart leo, ag rámhaíocht síos lár an bhóthair i seanbhád. Chroith sé lámh leo agus iad ina seasamh ag amharc amach ar an doras. Rinne Seosamh gáire agus an tUasal Mac Thomáis ag imeacht as radharc thart an coirnéal. "Bád! Sin an rud atá de dhíth orainne!" ar sé, agus rinne Nuala gáire arís.

D'imigh siad síos na céimeanna agus amach ar an chosán. Bhí an t-uisce donn le clábar agus bhí sruth gasta go fóill faoi. Shiúil siad go cúramach amach in éadan an tsrutha, thart leis na siopaí agus greim acu ar na sconsaí.

Sa deireadh, i ndiaidh tamaill fhada, dar leo, shroich Nuala agus Seosamh coirnéal na sráide

25

a raibh a dteach féin uirthi. Bhí an t-uisce níos doimhne anseo, é thar na glúine orthu, agus bhí an sruth ní ba láidre agus ní ba ghasta.

Choinnigh Seosamh greim daingean ar sconsa Mhuintir Mhic Aoidh agus choinnigh sé a shúile ar an uisce donn. Ar a chúl, scairt Nuala, "A Sheosaimh! Amharc air! Amharc ar theach s'againne!"

Sheas an bheirt pháistí sa sruth agus d'amharc siad ar an teach agus díomá orthu. Bhí an tuile ag réabadh tríd an teach agus thar an vearanda. Bhí an clós cúil mar a bheadh farraige de chlábar ann, lán de ghéaga agus de chuaillí sconsa ag gobadh amach anseo is ansiúd. Bhí crann ina luí ar an díon, agus bhí an bothán gairdín ar shiúl. Bhí an t-uisce ag sileadh as na fuinneoga íochtaracha mar a bheadh an teach féin ag caoineadh.

D'amharc Nuala agus Seosamh ar an teach, ansin ar a chéile. Ba é Seosamh a labhair ar dtús. "Cad é a déarfaidh Mamaí agus Daidí? Cá háit a mbeimid inár gcónaí? Cad é faoi gach rud a bhí sa teach againn?"

"Tá a fhios agam! Agus do bhronntanas! Bhí bronntanas ar dóigh agam duit. Beidh sé millte anois!"

"Cad é faoi na rothair? Amharc, tá an garáiste scriosta. Ní raibh a fhios agam go raibh sé chomh holc seo!"

"Seo, caithfimid dul ar ais go dtí an scoil. Níor chóir dúinn teacht anseo," arsa Nuala go gruama agus í ag tarraingt ar mhuinchille Sheosaimh. Chas siad thart agus shiúil siad ar ais an bealach a tháinig siad.

Mhothaigh siad tinn agus stad siad bomaite le taca a bhaint as geata Shorcha Uí Dhálaigh. Lig Seosamh osna dhomhain agus thiontaigh thart le hamharc tríd na crainn ar an teach. "Amharc, tá tuile tríd an teach aici."

"Chóir a bheith go bhfuil an t-uisce thuas ag an vearanda. Ní bheidh sí ábalta an ruaig a chur orainn anois!"

"Ach amháin go snámhann sí! Samhlaigh Sorcha Dhorcha ag snámh thart ar a gairdín agus cóta mór dubh uirthi . . ."

"Agus ag scairteadh in ard a cinn ag iarraidh orainn imeacht agus a cuid crann a fhágáil!"

Rinne an bheirt acu gáire neirbhíseach.

"Ar aghaidh linn ar ais chuig an scoil," arsa Nuala.

Ach rug Seosamh ar a lámh. "Fan! Cad é an trup sin? Cluinim rud éigin. Éist. Tá duine

éigin i dtrioblóid."

"Ise atá ann! Ise atá ann, cinnte! Sorcha
Dhorcha! Caithfidh sé go bhfuil sí sa teach go
fóill. Ba chóir dúinn cuidiú a fháil ó dhuine
éigin," arsa Nuala.

"Níor chóir, caithfimid féin dul isteach agus
cuidiú léi."

Bhí amhras ar Nuala. "Ach tá a fhios agat

an dóigh a mbíonn sí. Cuirfidh sí an ruaig orainn. Dúirt Daidí nár chóir dúinn cur isteach uirthi."

"Cuir i gcás go bhfuil sí gortaithe. Thig linn rith níos gasta ná í, cibé."

"Nó snámh níos gasta," arsa Nuala agus í ag gáire.

"Goitse, mar sin. Rachaimid suas go dtí an vearanda go bhfeicfimid cén fhadhb atá ann."

Ní raibh siad ábalta an geata a oscailt, de thairbhe go raibh clábar agus bruscar ina luí ina choinne. "Beidh orainn dreapadh thairis," a shocraigh Seosamh.

Agus iad ag lapadáil idir na crainn mhóra agus na toir, rinne siad a mbealach suas go dtí vearanda Bhean Uí Dhálaigh.

Chuaigh siad thar chrann úll. "An cuimhin leat an lá a bhuail sí mé lena bata siúil?" a d'fhiafraigh Seosamh.

"Bhí tú ag goid úll dá cuid!"

"Bhí, agus tusa! Maise, bhí sí feargach linn. Do bharúil an mbeidh cuimhne aici air sin?"

"Ní bheidh! Níl a fhios aici cé muid féin," arsa Nuala.

Stop siad ag bun chéimeanna an vearanda agus d'éist siad.

"Cuidigh liom!" Bhí an scréach níos airde anois, agus chuir crúbáil agus geonaíl an mhadaidh ag an doras béim ar an challán.

"A madadh beag scáfar atá ann!" arsa
Nuala.

Bhí fiacla Sheosaimh ag cnagadh. D'amharc
seisean agus Nuala ar a chéile.

"Cuidigh liom! Cé atá amuigh ansin? In
ainm Dé, cuidigh liom!"

Chuaigh Seosamh suas ar an vearanda.
"Ceart go leor, a Nuala, gabh ar aghaidh! Ní
thig léi rud ar bith a dhéanamh orainn!"

Splaiseáil siad suas go dtí an doras. Thóg
Nuala an cnagaire trom gur bhuail sí cnag
callánach ar an doras.

Caibidil 6
SORCHA DHORCHA

"A Bhean Uí Dhálaigh! A Bhean Uí Dhálaigh! An bhfuil tú gortaithe?" a scairt Nuala amach.

Ó chúl an dorais tháinig tafann fiáin, ansin scríobadh, ag múchadh a raibh le rá ag Bean Uí Dhálaigh.

Chas Seosamh an murlán agus luasc an doras ar oscailt. Thug madadh donn salach rúid amach ar an doras agus sciorr trasna an vearanda. Ba bheag nár leag sé Seosamh. Stop sé san uisce salach, agus cuma scanraithe air.

"Sin an chéad uair a chonaic mé madadh ag iarraidh sciáil ar uisce!" arsa Nuala i gcogar. Tháinig gáire ar a n-aghaidh fad is a bhí an madadh ag snámh ar ais go dtí céimeanna an vearanda. Ansin thiontaigh siad ar ais i dtreo an dorais.

"A Bhean Uí Dhálaigh, cá bhfuil tú?" a scairt siad, ag amharc go fáilí isteach sa teach.

"Cé atá ann? Tar isteach. Tar isteach. Ná bí i do sheasamh ansin! Ní thig liom éirí agus tá uisce gach áit."

Chuaigh Nuala agus Seosamh isteach sa teach agus thiontaigh isteach sa seomra cónaithe. Bhí Bean Uí Dhálaigh ina luí ar a droim ar an urlár báite, a cos casta thíos fúithi. Ní raibh cuma dhorcha scáfar uirthi níos mó, ní raibh ann ach go raibh sí tinn agus go raibh eagla uirthi.

"Ó, an bheirt agaibhse atá ann!" ar sí go grusach. "Sibhse páistí Uí Chléirigh, nach sibh? Má tháinig sibh le bheith ag magadh orm, imígí libh."

D'amharc Nuala ar Sheosamh, agus náire uirthi. "Ní hea, a Bhean Uí Dhálaigh, ba mhaith linn cuidiú leat. Chuala muid thú . . ."

Lig Bean Uí Dhálaigh scread le pian. "Chas mé an murnán agus ní thig liom mo bhata siúil a fháil. Níl a fhios agam . . . an síleann sibh go dtiocfadh libh . . ."

I gcionn soicind, bhí Nuala ag a taobh, ar a glúine ar an bhrat urláir bháite. "Ná bí buartha, a Bhean Uí Dhálaigh. Tabharfaimid aire duit. Inis dúinn cad atá le déanamh."

Agus Bean Uí Dhálaigh ag tabhairt treoracha, bhí Seosamh agus Nuala ag tarraingt cathaoir uillinne go dtí an áit a raibh sí ina luí.

Dhruid Bean Uí Dhálaigh a súile agus lig búir aisti le pian agus iad ag cuidiú léi suí ar an chathaoir. "Tá tú fliuch báite!" arsa Seosamh.

32

"Ba chóir dúinn blaincéad nó rud éigin a fháil."

"Istigh ansin!" Dhírigh Bean Uí Dhálaigh a méar ar an doras trasna an halla.

Rith Nuala isteach sa seomra leapa agus tháinig ar ais le cúpla blaincéad. Chuir siad an blaincéad thart uirthi.

"Níl maith ann," arsa Nuala. "Tá na cosa agat san uisce go fóill. B'fhéidir go bhfuil stól nó rud éigin agat?"

"Rud níos fearr ná sin!" Tháinig aoibh ar aghaidh Bhean Uí Dhálaigh den chéad uair. "Amharc!" Bhrúigh sí cnaipe ar thaobh na cathaoireach. Chroch an chathaoir siar agus tháinig taca coise aníos faoina cosa. Chrom Bean Uí Dhálaigh chun tosaigh agus bhog sí a cos go dtí go raibh sí níos compordaí. Bhí cuma bhrúite ata ar a murnán.

"B'fhearr dúinn rud le hithe nó le hól a fháil duit," arsa Nuala agus imní uirthi. "An dtig liom rud ar bith a fháil duit?"

Ní raibh de dhíth ar Bhean Uí Dhálaigh ach gloine uisce agus briosca.

Agus í ag ithe, d'inis Seosamh agus Nuala di faoin drochdhóigh a bhí ar an bhaile, na tithe faoi uisce, agus an dochar mór a rinneadh dá dteach féin.

I ndiaidh tamaill, d'fhiafraigh Seosamh, "An

mbeidh tú ceart go leor anois? Imeoimid agus gheobhaimid cuidiú."

Chlaon Bean Uí Dhálaigh a ceann agus tháinig aoibh uirthi nuair a tharraing Nuala na blaincéid thart uirthi.

"Ceart go leor, tá mise go breá anois. Imígí libh, agus cuirigí duine chugam chomh luath agus is féidir. Beidh orm dochtúir a fháil le hamharc ar mo chos. Is féidir gur cnámh bhriste atá ann. Go raibh maith agaibh. Is páistí maithe sibh i ndiaidh an iomláin." Tháinig tuirse ar Bhean Uí Dhálaigh agus dhruid sí na súile.

Chuaigh Seosamh agus Nuala amach ar an doras, trasna an vearanda, agus síos na céimeanna. Gan focal eatarthu, shiúil siad tríd an uisce ar an chosán gharbh, tríd na crainn go dtí an geata. Thiontaigh siad agus d'amharc siad ar ais ar an teach a chorraigh iad agus a chuir eagla orthu le blianta anuas.

Lig Seosamh osna. "Ní raibh sí ar dhóigh ar bith scanrúil," ar seisean, agus díomá ar a ghlór.

"Bhuel, is trua liom go raibh muid chomh cruálach sin léi," a d'fhreagair Nuala.

"Tuigim an rud atá tú a rá. D'aithin sí muid ar an toirt."

Sheas an madadh beag donn san uisce ar an vearanda agus an t-uisce ag sileadh as. Rinne sé tafann leo agus iad ag dreapadh thar an gheata.

Caibidil 7
TUBAISTE... BEAGNACH

Ar ais ar an chosán mhór, sheas siad san uisce a bhí ag rothlú thart agus iad ar crith. "Táimid amuigh tamall fada," arsa Nuala agus imní uirthi. "Caithfimid dul ar ais go dtí an scoil sula dtagann Mamaí agus Daidí ar ais nó beimid i dtrioblóid mhór. Níl a fhios agam ar chóir dúinn teacht amach."

"Tá a fhios agam. Ach bheadh Bean Uí Dhálaigh i dtrioblóid mhór, chomh maith, dá bhfanaimis istigh. Caithfimid duine éigin a fháil le cuidiú léi."

Chroith Nuala sciathán Sheosaimh. "Goitse . . . beidh rás againn go dtí an scoil!"

Thosaigh sí a rith agus lean Seosamh í ach bhí na cosa ag imeacht uaidh. Go tobann, bhain rud éigin tuisle as, lig sé scread as agus isteach leis san uisce ar mhullach a chinn.

Bhí Seosamh ag streachailt san uisce dorcha. Bhí sé gan radharc gan anáil. Gach uair a rinne sé iarracht seasamh, bhrúigh an t-uisce síos é. Bhí na lámha agus na cosa gan mhaith. Mhothaigh sé rud éigin ag teannadh a scornaí, á thachtadh. Throid sé ina éadan, ach ní raibh sé ábalta éalú. Bhí a bhéal, a shrón agus a shúile lán uisce.

D'éirigh an teannas ar a scornach níos measa agus phreab a cheann suas agus ar chúl. Solas lae! Thiocfadh leis solas lae a fheiceáil!

Nuala a bhí ann. Rug sí greim ar chochall a chóta agus tharraing a cheann amach as an

uisce. Ní nach ionadh gur shíl sé go raibh sé á thachtadh.

Shleamhnaigh agus streachail Seosamh a fhad is a bhí Nuala á tharraingt ar a chosa. Rug siad greim daingean ar an sconsa agus bhí Seosamh ag casachtach, ag iarraidh an anáil a fháil leis.

"Shíl mé go raibh mé báite!" ar seisean agus na deora leis.

"Ní raibh, a liúdramáin. Ní raibh do cheann faoin uisce ach cúpla soicind!" arsa Nuala, cé go raibh cuma scanraithe uirthi féin.

Go tobann, scairt duine éigin amach leo go hard.

"Hé! Sibhse! Cad é atá sibh a dhéanamh amuigh anseo?"

An tUasal Mac Thomáis, príomhoide na scoile, a bhí ann, agus é ina bhád rámhaíochta.

Caibidil 8
SÁBHÁILTE

"Seo, isteach libh sa bhád!" arsa an tUasal Mac Thomáis. "Cá háit a raibh sibh? Ní raibh Bean Uí Choimín ábalta sibh a fháil áit ar bith."

Chuaigh Seosamh agus Nuala isteach sa bhád agus thóg an tUasal Mac Thomáis na rámhaí. "Bhí daoine amuigh ag iarraidh teacht oraibh. Bhí muid iontach buartha."

Theann Nuala agus Seosamh le chéile, agus iad ar crith leis an fhuacht. Bhrúigh an tUasal Mac Thomáis an bád ar ais síos an bóthar. Agus é ag rámhaíocht, labhair sé leo go suaimhneach. "Chonaic mé teach s'agaibh agus, tá brón orm, ach caithfidh sibh fanacht áit a bhfuil sé sábháilte. Tá go leor daoine i dtrioblóid ag an bhomaite, agus caithfimid ár gcuid ama a chaitheamh ag cuidiú leo, ceart go leor?"

Bhí cuma bhocht orthu agus iad ag aontú leis.

Stop an tUasal Mac Thomáis an bád ag bun chéimeanna na scoile agus scairt sé amach le

Bean Uí Choimín, a bhí ag an doras agus cuma bhuartha uirthi. "Seo iad, tá siad fuar, fliuch báite agus trína chéile go maith."

Agus iad ag léim amach as an bhád, scairt an tUasal Mac Thomáis ina ndiaidh. "Beidh cruinniú mór anseo i gceann uair an chloig nó mar sin. Beidh gach rud réitithe, fan go bhfeicfidh sibh. Beidh orainn cuidiú lena chéile. Anois, ar aghaidh libh." Bhí sé ag rámhaíocht síos an tsráid sula raibh faill acu rud ar bith a rá.

Bhí náire orthu agus iad ag dul suas céimeanna na scoile. Bhí Bean Uí Choimín ag déanamh scéal mór díobh agus ag tabhairt amach dóibh. Ansin d'oscail an doras agus isteach le Mamaí agus Daidí. Bhí Siobhán leo, plástar agus guailleán ar a sciathán. D'amharc siad le huafás ar Sheosamh agus Nuala agus chrom siad a gceann. Bhí siad fliuch salach agus lán clábair. Agus bhí cuma chiontach orthu.

"Cad é atá ag tarlú?" a d'fhiafraigh Daidí. "Cá háit a raibh sibh? Cad é a tharla?"

"Bhí muid ag iarraidh an teach a fheiceáil," arsa Nuala go gasta agus ansin bhí sí ina tost.

Cad é? Chuaigh tú ar ais chun tí? Ní chreidim é!" a scairt Mamaí.

"Tá a fhios agam, a Mhamaí," a mhínigh

Seosamh, "ach tá Bean Uí Dhálaigh i . . ."

"Dúirt mé libh gan a bheith ag cur isteach ar Bhean Uí Dhálaigh!" Chuimil Daidí a aghaidh. "Thiocfadh leis an tuile sibh a sciobadh ar shiúl! Tá daoine amuigh ansin i gcontúirt! Tá daoine ann atá ag brath go mór ar tharrtháil . . ."

Fuair Seosamh greim ar lámh Dhaidí agus chroith sé í. "Sin an rud atá mé ag iarraidh a rá leat. Tá a fhios agam nár chóir dúinn dul amach, ach caithfidh duine éigin dul amach chuig Bean Uí Dhálaigh. Caithfidh duine éigin í a tharrtháil. Tá sí gortaithe. Ní dheachaigh muid isteach le cur isteach uirthi. Chuala muid í ag scairteadh amach."

D'amharc Mamaí agus Daidí ar a chéile, agus ansin ar Sheosamh agus ar Nuala.

"Ceart go leor," arsa Mamaí, "inis dúinn faoi Bhean Uí Dhálaigh."

Tharraing Nuala a hanáil. "Chuala muid í ag scairteadh amach. Bhuel, chuala Seosamh í, agus chuaigh muid síos lena fháil amach cad é a bhí cearr. Bhí sí ina luí ar an urlár san uisce. Thóg muid isteach i gcathaoir í, ach bhí a cos nimhneach agus dúirt muid go bhfaighimis duine le cuidiú léi . . ."

Chuir Seosamh a ladar isteach. "Ach sin tamall fada ó shin, nó thit mise san uisce agus

42

ba bheag nár bádh mé!"

"Níl sin fíor!" arsa Nuala. "Cibé ar bith, sílfidh Bean Uí Dhálaigh go ndearna muid dearmad uirthi."

Bhí Siobhán ag amharc orthu agus iontas uirthi. "Chuaigh sibh isteach i dteach Shorcha Uí Dhálaigh? Cad é mar a bhí sé? An bhfuil sé scáfar?"

"Is leor sin!" arsa Mamaí go cantalach. "Ba chóir don bheirt agaibh dul agus labhairt le Diarmaid ón siopa leabhar. Gheobhaidh seisean cuidiú do Bhean Uí Dhálaigh. Idir an dá linn, feicfidh mise an dtig liom éadaí tirime a fháil daoibh." Chroith sí a ceann go tuirseach. "Is é an rud is tábhachtaí go bhfuil sibh sábháilte."

Chuaigh Daidí leo chuig Diarmaid, agus ansin thug sé barróg mhór dóibh.

"Is breá liom gur tháinig rud maith amach as an oíche seo. Ach níor chóir daoibh dul go dtí an teach. Níor éirigh libh dul isteach, ar éirigh?" Bhí cuma bhrónach air. "Tá a fhios agam go bhfuil droch-chuma air ach cuirfimid dóigh air. Ach anois, tá ocras an domhain orm, agus is dócha go bhfuil ocras oraibhse, a pháistí, chomh maith. Ar mhaith libh greim le hithe?"

Caibidil 9
SLÁN SÁBHÁILTE

Nuair a bhí an teaghlach ag ithe, tháinig níos mó daoine isteach sa halla – siopadóirí, muintir an tsráidbhaile, feirmeoirí, iad uilig lena dteaghlach agus cuid acu lena bpeataí. Bhí siad salach agus fliuch, agus bhí tuirse an domhain orthu. Thug an tUasal Ó Riain agus a bhean boscaí ón ollmhargadh leo. Chuir an búistéir síos bearbaiciú faoin chuid den díon a bhí ag gobadh amach ar chúl na scoile, agus roimh i bhfad bhí an t-aer lán le boladh ispíní agus burgar.

D'ith Seosamh agus a dheirfiúracha ó na plátaí páipéir a bhí lán le bia. D'éirigh crónán na cainte níos airde thart orthu nó bhí gach duine ag caint ar na heachtraí a tharla dóibh sa tuile. Bhí páistí ag rith thart agus ag scairteadh, bhí páistí ag caoineadh, bhí trup ag teacht ó na plátaí sa chistin.

Chonaic Diarmaid iad agus tháinig sé a fhad leo. "Thug muid Bean Uí Dhálaigh go

dtí an otharlann. Beidh sí i gceart. Maith sibh.
D'inis sí an scéal ar fad dúinn."

Sa deireadh, nuair a bhí a sáith ite acu,
bhuail an tUasal Mac Thomáis cloigín agus
d'iarr ar gach duine cruinniú le chéile.

Tharraing daoine cathaoireacha isteach
agus thiontaigh gach duine i dtreo an ardáin,
áit a raibh an tUasal Mac Thomáis agus roinnt
daoine fásta ina seasamh. Shíothlaigh an chaint
de réir a chéile agus thosaigh an tUasal Mac

Thomáis a chaint.

"Bhuel," a thosaigh sé, "a leithéid de lá! Mura miste libh éisteacht bomaite, táimid ag iarraidh labhairt faoin rud a tharla agus a oibriú amach cad é an chéad rud eile ba chóir dúinn a dhéanamh. Ach ar dtús, ba mhaith liom buíochas a ghabháil leis na Rianaigh ón ollmhargadh; buíochas fosta le Seán Mac Liam, an búistéir as an bhearbaiciú; agus, ar ndóigh, buíochas leis na daoine eile a thug bia agus deoch agus éadaí."

Thug gach duine bualadh bos.

"Anois, ní bheidh cuid mhaith agaibh ábalta dul ar ais abhaile anocht," arsa an tUasal Mac Thomáis. "Cuid agaibh, seans go nglacfaidh sé níos faide ná oíche amháin."

D'amharc Seosamh agus Nuala ar a chéile.

D'amharc an tUasal Mac Thomáis thart ar an halla. "Tá an scoil ar fáil agaibh, agus go háirithe an chuid seo di chomh fada agus a bheidh sí de dhíth. Tá an Chros Dhearg ag tabhairt isteach tuilleadh blaincéad, leapacha agus rudaí eile a bheidh de dhíth ar dhaoine atá ag iarraidh dul a luí anseo. Chomh maith leis sin tá bia agus áit le codladh ar fáil agus fáilte mhór roimh gach duine ag halla an bhaile. Cuideoidh Bean Uí Choimín, agus mo bhean chéile, Seona, libh lóistín a fháil. Le

46

bhur dtoil, labhraígí le duine acu i ndiaidh an chruinnithe má tá cuidiú de dhíth oraibh.

Stop sé bomaite nuair a thosaigh daoine a chaint, ansin bhuail sé an cloigín arís. "Tá aithne agaibh uilig ar an Gharda Stiofán Ó Duibh. D'oscail Stiofán deasc garda thall ag an doras. Ba mhaith leis a fháil amach an bhfuil imní oraibh faoi dhuine ar bith, nó má tá a fhios agaibh faoi dhuine éigin a bhfuil cuidiú de dhíth air. Chomh maith leis sin, níor mhiste leis cúpla bád eile. Má tá ceann sa bhreis agaibh, cuirigí sin in iúl dó."

Labhair an tUasal Mac Thomáis tamall beag eile faoin áit a bhfuil uisce le hól ann, faoi chúrsaí leithreas, agus faoi fhanacht ar shiúl ó thithe a bhfuil dochar déanta dóibh. Sa deireadh stop Seosamh de bheith ag éisteacht agus thosaigh a mhéanfach. Bhí néal ag titim air nuair a chuala sé duine ag scairteadh a ainm. "An bhfuil Seosamh Ó Cléirigh anseo?"

Mhúscail sé de phreab. Bhí an tUasal Mac Thomáis ag amharc go díreach air.

Caibidil 10
BREITHLÁ SONA

Ní raibh Seosamh ábalta bogadh. Go díreach mar a shíl sé! Bhí sé ag dul a bheith i dtrioblóid as dul amach sa tuile. Déarfadh an tUasal Mac Thomáis le gach duine faoin rud a rinne seisean agus Nuala.

Rinne Seosamh iarracht dul i bhfolach ar chúl a mháthar, ach fuair a athair greim air. "Suas leat, a Sheosaimh. Ba mhaith leis an Uasal Mac Thomáis tú a fheiceáil."

Agus é ag cuimilt na súl d'éirigh sé ina sheasamh agus suas leis ar an ardán. Bhí sé ag crith in aice leis an Uasal Mac Thomáis, agus é ag amharc ar an seomra lán daoine. Sheinn duine éigin nóta ar ghiotár agus go tobann bhí gach duine ag ceol, "Lá breithe sona duit . . ."

Ag an taobh eile den halla, chonaic Seosamh Gráinne Uí Riain ag iompar císte le coinnle lasta air.

Tháinig aoibh ar aghaidh Sheosaimh. Bhí a oiread sin áthais air go raibh fonn air barróg a thabhairt don Uasal Mac Thomáis.

Bhí bualadh bos ó gach duine nuair a chuir Gráinne Uí Riain an císte ar an tábla agus nuair a shéid Seosamh ar na coinnle.

Thosaigh an fear a bhí ag seinm an ghiotáir ar amhrán eile agus lean na daoine den cheol. Bhí an chuma air gur féasta mór maith a bhí ann. Agus é ag iompar píosa mór císte, rinne Seosamh a bhealach ar ais chuig a theaghlach.

"Bhuel, anois," arsa Mamaí. "Ba chóir dúinn ár n-ainmneacha a chur ar an liosta don lóistín seo anocht. Cuideoidh mé le Bean Uí Choimín na rudaí a eagrú. A pháistí, bígí ag súgradh ach fanaigí le chéile, le bhur dtoil. Ná bíodh eachtraí ar bith eile againn." D'amharc sí ar Sheosamh agus ar Nuala. "Beidh sé uilig réitithe againn chomh luath agus a thig linn. Agus ba chóir duitse bheith i do luí, a Shiobhán. Tá cuma thuirseach ort agus caithfidh sé go bhfuil do sciathán iontach nimhneach."

Labhair Daidí le Mamaí. Tá mise ag dul amach arís. Caithfidh mé jíp Uí Dhochartaigh a thabhairt ar ais. Ach, ar dtús, cad é faoin bhronntanas a thabhairt do Sheosamh sula n-éiríonn sé dorcha. Sílim gur fhan sé fada go leor."

D'éirigh Seosamh ina sheasamh agus d'amharc thart ar an halla. "Cad é atá ann? Cá bhfuil sé?"

Rinne Siobhán agus Nuala gáire beag agus thug cogar dá chéile. "Tá sé i gcúl an jíp," arsa Daidí. "Goitsigí liom."

Rinne siad uilig a mbealach go cúramach síos céimeanna an halla. Bhí sé ina thuradh faoin am seo. D'fhan Mamaí, Antain agus na cailíní ar an bhunchéim agus chuaigh Seosamh agus Daidí tríd an uisce go dtí an jíp.

"Choinnigh muintir Uí Dhochartaigh an rud seo i bhfolach dúinn le seachtainí," arsa Daidí leo.

Ag gobadh amach as cúl an jíp, bhí bád inséidte gorm, chomh maith le rámhaí agus seaicéad tarrthála.

Níor chreid Seosamh é. "Bád? Fíorbhád domsa?" ar seisean. "Go hiontach, go raibh maith agaibh uilig!"

Chuidigh Seosamh le Daidí an bád a tharraingt amach as an jíp. Choinnigh seisean greim ar thaobh amháin agus lig sé dó sleamhnú isteach san uisce. "Dúirt mé go raibh bád de dhíth orainn, nár dúirt, a Nuala? Agus anois . . ." Ní raibh a fhios ag Seosamh cé acu caoineadh nó gáire ba chóir dó a dhéanamh. "An bhfuil a fhios agaibh seo!" a scairt sé. "Seo an bronntanas is fearr dá raibh riamh agam!"

Chuidigh Daidí leis dul isteach sa bhád. Shuigh Seosamh ansin ar feadh bomaite nó dhó, ansin thóg sé na rámhaí agus smaoinigh ar an spraoi a bheadh aige nuair a bheadh an abhainn ag an leibhéal ceart arís.

I ndiaidh tamaill, d'éirigh Seosamh ina sheasamh agus léim sé amach as an bhád agus isteach san uisce. "Ar aghaidh leat, a Dhaidí," ar sé. "Ba chóir dúinn dul agus labhairt leis

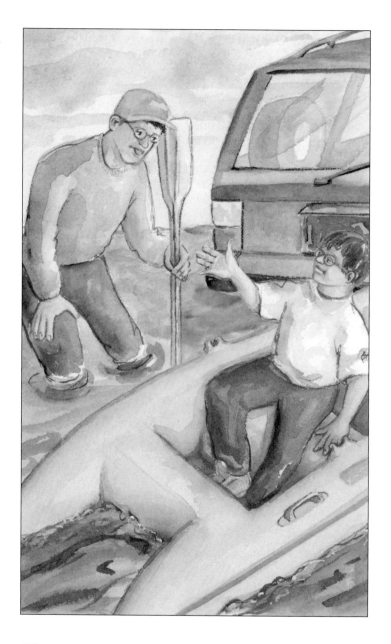

an Gharda Ó Duibh. Gheobhaimid amach an bhfuil mo bhád de dhíth air le daoine a tharrtháil."

Rinne Daidí gáire agus thug sé barróg dó. "Lá breithe sona, a mhic!"

Leath bealaigh suas na céimeanna, stop Seosamh agus thiontaigh le hamharc ar a bhád nua ar snámh in aice leis an jíp. "Mo bhád féin," ar seisean le háthas. "Ach . . ." Stop sé agus rinne sé gáire le Mámaí agus Daidí. "Cad é mar a bhí a fhios agaibhse go mbeadh tuile ann ar mo lá breithe?"

FOCAL ÓN ÚDAR

Tá mé ag scríobh scéalta do pháistí le blianta fada. Is minic a thagann mo smaointe ó rud éigin i mo shaol nó rud éigin i saol mo gharpháistí, ach is i mo shamhlaíocht a bhí *Breithlá Báite*, sin a bhfuil.

Bhí mé ag smaoineamh ar cad é a tharlódh dá mbuailfeadh tuile baile beag. Cad é a dhéanfadh daoine, go háirithe páistí? Is maith liom an dóigh a dtarraingíonn an pobal le chéile agus a gcuidíonn siad lena chéile. Cad é a dhéanfá féin dá mbuailfeadh tubaiste do phobal?

Go hádhúil, cé gur bhunaigh mé na carachtair ar cheathrar garpháistí, ní raibh sa tubaiste eachtrúil seo ach spraoi!

Joy Watson

FOCAL ÓN MHAISITHEOIR

Chonaic mé go leor den sleamhnú clábair nuair a bhí mé ag fás aníos in California, SAM. Geimhreadh amháin bhí sé ag cur fearthainne ar feadh fiche lá agus fiche oíche. Shíl mé go raibh curiarracht úr ag dul a bheith ann!

Ní maith le mo mhadadh, Gus, an fhearthainn. Caochann sé na súile agus cuireann sé cár air féin. Dá mbeinn i mo chónaí in California go fóill, ní rachadh sé amach an geimhreadh ar fad. Go hádhúil, is breá leis an sneachta, nó faighimid go leor de sin in Colorado, áit a bhfuil mé i mo chónaí anois.

Is maith le Gus suí ag mo chosa nuair a bhím ag obair ag an tábla líníochta. Mura dtugaim aird go leor air, goideann sé mo pháipéar, nó pinn luaidhe, nó rud ar bith eile a thig leis a fháil, sa dóigh is go gcaithfidh mé dul ar a thóir.

Anna-Maria Crum

POINTÍ PLÉ

1. Bhí beagán eagla ar Sheosamh nuair a chonaic sé an tuile agus an clábar ag dul thart ar an teach, ach go fóill féin mhothaigh sé gur mhaith leis gáire agus scairteadh go hard. Cuir i gcás go raibh do theach faoi uisce. Inis an scéal.

2. Nuair a scairt an tUasal Mac Thomáis air ag iarraidh air teacht go dtí tosach an halla, shíl Seosamh go raibh sé i dtrioblóid. Cad chuige ar shíl Seosamh sin? Ar tharla a leithéid duitse, riamh? Cad é a shíl tusa?

3. Tharrtháil Nuala agus Seosamh Bean Uí Dhálaigh agus ní raibh sí mar a shíl siad go mbeadh. Cad é a theagasc an eachtra bheag seo dóibh fúthu féin agus faoi dhaoine eile?